Low Carb Rezepte für die KitchenAid

Das Kochbuch für Mittagessen Abendessen
Desserts Salate

Abnehmen - schlank werden - Diät - wenig
Kohlenhydrate - inkl. vegetarisch

Simone Herrmann

Bibliografische Information der Deutschen Nationalbibliothek:
Die Deutsche Nationalbibliothek verzeichnet diese Publikation in der
Deutschen Nationalbibliografie; detaillierte bibliografische Daten
sind im Internet über http://dnb.dnb.de abrufbar.

1. Auflage 2018
Cover-Titelbild: ©[okkijan]/123rf.com
Copyright © 2018 Simone Herrmann
Alle Rechte vorbehalten

Herstellung und Verlag: BoD – Books on Demand, Norderstedt
ISBN 9783752816310

Inhaltsverzeichnis

VORWORT

Mit der Universalküchenmaschine unbeschwert genießen und dabei überflüssige Pfunde verlieren.

In diesem Kochbuch finden Sie Low-Carb Rezepte für leckeres Mittagessen und Abendessen, genussvolle Desserts, sowie gesunde Salate mit wenig Kohlenhydraten.

Die Gerichte sind alltagstauglich und enthalten detaillierte Nährwertangaben.

Die Rezepte sind geeignet für die KitchenAid* - *Bei der Bezeichnung „KitchenAid" handelt es sich um eine eingetragene Marke der Firma WHIRLPOOL PROPERTIES US. Der Verfasser des Buches steht in keiner geschäftlichen Beziehung zum Unternehmen.

Hinweis:
Jede Art von Diät sollte vorher mit einem Arzt besprochen werden.

Low Carb Mittagessen Rezepte:

Blumenkohl Sushi mit Lachs

Pro Portion: kcal: 219 / Eiweiß: 13 / Fett: 12,9 / Kohlenhydrate: 7,5

Zutaten für 4 Portionen:
600 g Blumenkohl
100 g Frischkäse
1 EL Apfelessig
1/2 Bund Dill, gehackt
Salz, Pfeffer aus der Mühle
4 Nori-Blätter
50 g Räucherlachs
1 Avocado
50 g Karotten
1 Frühlingszwiebel

Zubereitung:
Blumenkohl waschen, putzen und mit der mittelgroben Raspeltrommel am Gemüseschneider auf Stufe 4 reiben. In einem Topf mit etwas Wasser weich dünsten, abgießen und abkühlen lassen.

Frischkäse, Apfelessig, Dill, Salz und Pfeffer in die Mengschüssel geben. Mit dem Flachrührer auf Stufe 2 mixen. Den Blumenkohl unterrühren und gleichmäßig auf den Nori-Blättern verteilen. (Den oberen Rand ca. 1 - 2 cm frei lassen)

Den Lachs in dünne Streifen schneiden.

Die Avocado schälen, die Karotten putzen, schälen und die Frühlingszwiebel waschen, putzen und halbieren. Avocado, Karotten und Frühlingszwiebel in der Mengschüssel mit der groben Raspeltrommel am Gemüseschneider auf Stufe 4 raspeln.

Auf dem unteren Drittel des Nori-Blattes verteilen und mit dem Lachs belegen. Den freien Rand mit etwas Wasser leicht befeuchten, von der langen Seite her einrollen und in Stücke schneiden.

Schollenfilet mit Spitzkohl-Gemüse und Steinpilzen

Pro Portion: kcal: 260 / Eiweiß: 31 / Fett: 10,4 / Kohlenhydrate: 6

Zutaten für 4 Portionen:
300 g Steinpilze
2 Frühlingszwiebeln
400 g Spitzkohl
2 EL Olivenöl
10 g Ingwer, fein gehackt
Salz, Pfeffer aus der Mühle
250 ml Gemüsebrühe
600 g Schollenfilet
etwas Zitronensaft
2 EL Butter
1 Bund Kerbel, gehackt

Zubereitung:
Die Steinpilze putzen, trocken abreiben und klein schneiden.

Die Frühlingszwiebeln waschen, putzen und halbieren. Den Spitzkohl von den äußeren Blättern befreien.

Frühlingszwiebeln und den Spitzkohl mit der Schneidetrommel am Gemüseschneider auf Stufe 4 schneiden.

Öl in einer Pfanne erhitzen und die Pilze darin kurz anbraten. Spitzkohl, Frühlingszwiebeln und Ingwer zufügen und unter Wenden ca. 10 Minuten schmoren lassen. Mit Salz und Pfeffer würzen.

Mit Gemüsebrühe ablöschen und aufkochen lassen.

Schollenfilets waschen, trocken tupfen, mit Zitronensaft beträufeln und mit Salz und Pfeffer würzen.

Butter in einer Pfanne erhitzen und den Fisch darin von jeder Seite ca. 3-4 Minuten braten.

Fisch auf dem Gemüse anrichten und mit Kerbel bestreut servieren.

Crespelle mit Tomaten-Hack-Füllung

Pro Portion: kcal: 661 / Eiweiß: 39,5 / Fett: 53 / Kohlenhydrate: 5

Zutaten für 4 Portionen:
80 g Goudakäse
120 g Frischkäse
3 Eier
Salz, Pfeffer aus der Mühle
1 EL Butter
2 Schalotten
1 Knoblauchzehe
2 Zweige Rosmarin
3 Zweige Thymian
1 EL Öl
500 g Hackfleisch, gemischt
300 g Pizzatomaten, ohne Zuckerzusatz

Zubereitung:
Den Backofen auf 190 °C (Umluft: 170 °C, Gas: Stufe 2-3)
vorheizen.

Den Goudakäse mit der feinen Raspeltrommel am Gemüseschneider
auf Stufe 4 reiben und zur Seite stellen.

Frischkäse, Eier, Salz und Pfeffer in die Mengschüssel geben und mit
dem Flachrührer auf Stufe 4 rühren, bis alles gut vermischt ist. Den
Teig ca. 20 Minuten ruhen lassen.

Etwas Butter in einer beschichteten Pfanne erhitzen und aus dem Teig
nacheinander 6 dünne Crêpes backen.

Geschälte Schalotten und die geschälte Knoblauchzehe mit der groben Raspeltrommel am Gemüseschneider auf Stufe 4 hacken.

Rosmarin und Thymian waschen, trocken schütteln, die Nadeln und Blättchen abzupfen und hacken.

Öl in einer Pfanne erhitzen. Das Hackfleisch darin unter Wenden ca. 8 Minuten krümelig anbraten. Nach ca. 4 Minuten Schalotten und Knoblauch dazugeben. Mit Salz und Pfeffer würzen. Pizzatomaten, Rosmarin und Thymian dazugeben und ca. 5 Minuten köcheln lassen.

Hackfleischmasse auf den Crêpes verteilen, aufrollen und nebeneinander in eine gefettete Auflaufform legen. Den Goudakäse darüberstreuen und im vorgeheizten Backofen ca. 20 - 25 Minuten überbacken.

Brokkoli-Auflauf mit Speck-Käsespätzle

Pro Portion: kcal: 625 / Eiweiß: 28,7 / Fett: 51 / Kohlenhydrate: 10

Zutaten für 4 Portionen:
80 g Emmentaler
15 g Johannisbrotkernmehl
1/2 TL Salz
150 g Magerquark
1 Ei
1 Eigelb
800 g Brokkoli
180 g Frühstücksspeck, in Scheiben
3 Eier
1 EL Gemüsebrühe
200 ml fettarme Milch

Zubereitung:
Den Backofen auf 175 °C Umluft vorheizen.

Den Emmentaler mit der feinen Raspeltrommel reiben.

Johannisbrotkernmehl und Salz mit dem Flachrührer auf Stufe 2
vermischen.

Den Knethaken aufsetzen und Magerquark, Ei und Eigelb auf Stufe 2
einkneten, bis der Teig geschmeidig ist. Ca. 10 Minuten ruhen lassen.

Wasser aufkochen und den Teig portionsweise mit einem Messer in
kurzen Streifen in das kochende Wasser schaben. Kurz aufkochen
und garen lassen, bis die Spätzle an die Oberfläche steigen.
Anschließend abseihen oder mit einem Sieblöffel abschöpfen.

Brokkoli waschen, putzen, in Röschen teilen und in kochendem Salzwasser ca. 2 Minuten blanchieren. Abgießen und gut abtropfen lassen.

Speck in Streifen schneiden, in einer Pfanne ohne Fett von jeder Seite knusprig anbraten.

Brokkoli, Spätzle und Speck in einer gefetteten Auflaufform verteilen. Eier, Gemüsebrühe und Milch mit dem Flachrührer auf Stufe 4 verrühren und über die Brokkolimischung gießen. Den Emmentaler darüberstreuen und im vorgeheizten Backofen ca. 20 Minuten überbacken.

Pikante Pfannkuchen-Roulade

Pro Portion: kcal: 537 / Eiweiß: 25,5 / Fett: 45,5 / Kohlenhydrate: 6,2

Zutaten für 4 Portionen:
150 g Gouda
175 g Kräuterquark
3 Eier
60 g Kirschtomaten
1 Frühlingszwiebel
220 g Knoblauchwurst
125 g Crème fraîche
125 g Schmand
4 EL Petersilie, gehackt
1 Prise Chilipulver

Zubereitung:
Den Backofen auf 175 °C (Gas: Stufe 2, Umluft: 150 °C) vorheizen.

Den Gouda mit der feinen Raspeltrommel reiben.

Den Knethaken aufsetzen und Kräuterquark, Eier und Gouda auf
Stufe 2 verrühren.

Die Masse auf ein mit Backpapier ausgelegtes Backblech verteilen
und im vorgeheizten Backofen ca. 15 - 20 Minuten goldbraun backen.
Herausnehmen und abkühlen lassen.

Die Kirschtomaten waschen und halbieren. Die Frühlingszwiebel
waschen, putzen und in feine Ringe schneiden. Die Knoblauchwurst
in Scheiben schneiden.

Crème fraîche, Schmand, 2 Esslöffel Petersilie und Chilipulver mit dem Schneebesen auf Stufe 4 mischen und auf dem Teig gleichmäßig verteilen. Danach die Wurstscheiben, Zwiebelringe und die Tomaten darauf verteilen.

Im vorgeheizten Backofen ca. 5- 10 Minuten backen.

Herausnehmen, aufrollen, in Scheiben schneiden, auf Tellern anrichten und mit der restlichen Petersilie bestreut servieren.

Zucchini-Cheddar-Puffer mit Tomaten-Kräuterquark

Pro Portion: kcal: 623 / Eiweiß: 35,7 / Fett: 47,7 / Kohlenhydrate: 11,2

Zutaten für 4 Portionen:
150 g Cheddarkäse
600 g Zucchini
2 Schalotten
Salz, Pfeffer
30 g Mandelmehl
4 Eier
10 EL Rapsöl
2 Tomaten
1 Bund frische Kräuter (Schnittlauch, Petersilie etc.)
350 g Magerquark
5 EL Schmand

Zubereitung:
Den Cheddarkäse mit der feinen Raspeltrommel reiben.

Die Zucchini waschen, putzen und mit der mittelgroben Raspeltrommel reiben. Zucchiniraspel in ein Sieb geben und gut ausdrücken.

Die Schalotten mit der mittelgroben Raspeltrommel am Gemüseschneider auf Stufe 4 reiben.

Cheddarkäse, Zucchini, Schalotten, Gewürze zusammen mit dem Mandelmehl und den Eiern mit dem Flachrührer auf Stufe 2 verrühren, bis alles gut vermischt ist.

Öl in einer Pfanne erhitzen und portionsweise kleine Teighäufchen hineinsetzen, etwas flach drücken und bei mittlerer Hitze von beiden Seiten goldbraun ausbacken.

Die Tomaten waschen, entkernen und würfeln. Die Kräuter waschen und fein schneiden. Kräuter, Quark, Salz, Pfeffer und Schmand mit dem Flachrührer auf Stufe 2 verrühren. Die Tomaten untermischen.

Zucchini-Cheddar-Puffer mit dem Tomaten-Kräuterquark anrichten und servieren.

Vegetarische Gemüsepastete mit Champignons

Pro Portion: kcal: 333 / Eiweiß: 26 / Fett: 18 / Kohlenhydrate: 8,6

Zutaten für 8 Portionen (4 Personen):
250 g kleine Champignons
150 g Karotten
50 g Brokkolistiele
200 g Blumenkohl
200 g Zucchini
100 g Selleriestiele
75 g rote Zwiebeln
2 EL Olivenöl
Salz, Pfeffer aus der Mühle
1/2 TL Rosmarin, getrocknet
320 ml Gemüsebrühe
80 ml Schlagsahne
80 g Kräuterfrischkäse
Für den Teig:
7 Eiweiß
250 g Mandelmehl
120 g Kokosmehl
50 g Parmesan, gerieben
1 TL Backpulver
4 EL Butter, flüssig

Zubereitung:
Den Backofen auf 175 °C (Gas: Stufe 2, Umluft: 150 °C) vorheizen.

Champignons putzen, waschen und halbieren.

Das Gemüse waschen und putzen. Die Zwiebeln schälen und mit dem Gemüse in einer Schüssel mit der groben Raspeltrommel am Gemüseschneider auf Stufe 4 klein schneiden.

Öl in einer Pfanne erhitzen. Champignons und das Gemüse ein paar Minuten anbraten. Mit Salz, Pfeffer und Rosmarin würzen. Die Gemüsebrühe zufügen und aufkochen. Hitze reduzieren und köcheln lassen, bis die Flüssigkeit fast verdampft ist.

Sahne und Kräuterfrischkäse ein paar Minuten unterrühren, bis eine cremige Konsistenz entstanden ist.

Das Eiweiß mit dem Schneebesen auf Stufe 4 in der Mengschüssel schlagen.

Mandelmehl, Kokosmehl, Parmesan und Backpulver zufügen und unterrühren. Die Butter unterrühren, bis eine gleichmäßige Masse entstanden ist.

Die Gemüsemischung in 8 ofenfeste Pastetenförmchen füllen, die Eiweißmasse darüber verteilen und im vorgeheizten Backofen ca. 25 Minuten backen. (Evtl. abdecken, damit die Pastete nicht zu dunkel wird)

Herausnehmen, abkühlen lassen, dann vorsichtig aus der Form lösen und servieren.

Blumenkohl-Cheese

Pro Portion: kcal: 561 / Eiweiß: 36,7 / Fett: 39,5 / Kohlenhydrate: 11

Zutaten für 4 Portionen:
1 kg Blumenkohl
Salz
250 g Cheddarkäse
480 g Frischkäse
1 Ei
220 g saure Sahne
½ TL Senfpulver
½ TL Chiliflocken
Cayennepfeffer
Muskatnuss, frisch gerieben
4 EL Petersilie, gehackt

Zubereitung:
Den Backofen auf 175 °C (Gas: Stufe 2, Umluft: 150 °C) vorheizen.

Blumenkohl putzen, waschen, in kleine Röschen teilen und in kochendem Salzwasser weich garen. Abgießen und abtropfen lassen.

Den Cheddarkäse mit der mittelgroben Raspeltrommel am Gemüseschneider auf Stufe 4 klein schneiden und zur Seite stellen.

Frischkäse, Ei, Sahne, Senfpulver und Chiliflocken mit dem Flachrührer auf Stufe 2 verrühren. Mit Salz, Cayennepfeffer und Muskatnuss abschmecken. 200 g Cheddarkäse und den Blumenkohl unterrühren.

In eine gefettete Auflaufform geben, mit dem restlichen Cheddarkäse bestreuen und ca. 25 Minuten backen.

Auf Tellern anrichten und mit der Petersilie bestreut servieren.

Kürbisgnocchi mit Salbeibutter

Pro Portion: kcal: 673 / Eiweiß: 26 / Fett: 53 / Kohlenhydrate: 11,7

Zutaten für 4 Portionen:
8 Stiele Salbei
600 g Hokkaidokürbis
1 Ei
120 g Mandelmehl
175 g Frischkäse
6 EL Flohsamenschalen
Salz, Pfeffer aus der Mühle
Muskatnuss, frisch gerieben
200 g Butter
4 EL Parmesan

Zubereitung:
Den Backofen auf 180 °C (Umluft 160 °C, Gas Stufe 3) vorheizen.

Salbei waschen, trocken schütteln und die Blättchen in feine Streifen schneiden.

Den Kürbis putzen, schälen, entkernen und in schmale Streifen schneiden. Im vorgeheizten Backofen ca. 25 Minuten lang backen. Mit dem Pürieraufsatz auf Stufe 4 pürieren.

Ei, Mandelmehl, Frischkäse, Flohsamenschalen, Salz, Pfeffer und Muskat nach und nach mit dem Flachrührer auf Stufe 4 einschlagen. Den Teig ca. 10 Minuten ruhen lassen.

Den Teig auf einer gefetteten Oberfläche zu Rollen von ungefähr 1,5 cm - 2 cm Durchmesser formen. Die Rollen in ca. 1- 2 cm lange Stücke schneiden.

2 TL Butter in einer Pfanne erhitzen und die Gnocchi unter Wenden goldbraun braten. Die restliche Butter zufügen, den Salbei zur geschmolzenen Butter geben und unter ständigem Rühren kurz mitgaren lassen.

Gnocchi auf Tellern anrichten und mit Parmesan bestreut servieren.

Überbackenes Wurzelpüree mit Mandelhaube

Pro Portion: kcal: 282 / Eiweiß: 12,7 / Fett: 17,5 / Kohlenhydrate: 14,7

Zutaten für 4 Portionen:
120 g Goudakäse
450 g Petersilienwurzeln
450 g Steckrüben
Salz
100 ml Sauerrahm
1/2 EL Meerrettich
Pfeffer aus der Mühle
Muskatnuss, frisch gerieben
2 Zweige frischer Thymian
30 g Mandelblättchen

Zubereitung:
Den Backofen auf 190 °C (Umluft: 170 °C, Gas: Stufe 2-3) vorheizen.

Den Käse mit der feinen Raspeltrommel reiben und zur Seite stellen.

Wurzelgemüse waschen, schälen, in Stücke schneiden und in Salzwasser weich kochen. Gut abtropfen lassen und mit dem Flachrührer auf Stufe 2 glatt verrühren.

Sauerrahm, Meerrettich, Salz, Pfeffer und Muskat auf Stufe 4 unterrühren.

Thymian waschen, trocken schütteln, die Blättchen abzupfen und unterheben.

Wurzelpüree in eine gefettete Auflaufform füllen, mit dem geriebenen Käse bestreuen und die Mandeln darüberstreuen.

Im vorgeheizten Backofen ca. 20 Minuten überbacken.

Low Carb Abendessen Rezepte:

Chicken Cordon bleu

Pro Portion: kcal: 553 / Eiweiß: 61 / Fett: 31,7 / Kohlenhydrate: 2,7

Zutaten für 4 Portionen:
100 g Bergkäse
4 Hühnerbrustfilets
Chilisalz, mild
Pfeffer aus der Mühle
1 TL Basilikum, getrocknet
1/2 TL Majoran, getrocknet
4 Scheiben gekochter Schinken
4 Scheiben Mozzarella
2 Eier
50 g geriebene Mandeln
2 EL Rapsöl
Außerdem:
Zahnstocher

Zubereitung:
Den Bergkäse mit der feinen Raspeltrommel reiben und zur Seite stellen.

Hühnerbrustfilets waschen, trocken tupfen und der Länge nach eine Tasche einschneiden. Aufklappen, mit Chilisalz, Pfeffer und den Kräutern würzen und mit je einer Scheibe Schinken belegen.

Bergkäse und Mozzarella darauf verteilen, zusammenklappen und mit Zahnstochern fixieren.

Eier in der Mengschüssel mit dem Schneebesen auf Stufe 2 schlagen.

Das Fleisch in verquirltem Ei und in den Mandeln wenden. Öl in einer Pfanne erhitzen und die Chicken Cordon bleus unter Wenden bei mittlerer Hitze goldbraun braten.

Gefüllte Auberginen-Röllchen im Speckmantel

Pro Röllchen: kcal: 278 / Eiweiß: 10 / Fett: 24,7 / Kohlenhydrate: 2,4

Zutaten für 4 Portionen (16 Röllchen):
30 g Goudakäse
800 g Auberginen
Salz
1 Zwiebel
1 Knoblauchzehe
2 EL Olivenöl
250 g Hackfleisch
200 g Tomaten
1/2 TL Chiliflocken
1/2 TL Oregano, getrocknet
1/4 TL Thymian, getrocknet
1 Bund Petersilie
110 g Kräuterfrischkäse
Pfeffer aus der Mühle
200 g Speck
100 g Mozzarella, gerieben

Zubereitung:
Den Backofen auf 200 °C (Umluft: 180 °C, Gas: Stufe 3-4)
vorheizen.

Den Goudakäse mit der feinen Raspeltrommel reiben und zur Seite
stellen.

Auberginen putzen, waschen und in 16 dünne Scheiben schneiden.
Mit Salz bestreuen und ca. 20 Minuten ruhen lassen.

Zwiebel und Knoblauchzehe mit der groben Raspeltrommel am Gemüseschneider auf Stufe 4 klein schneiden.

1 EL Öl in einer Pfanne erhitzen und die Auberginenscheiben darin bei mittlerer Hitze unter Wenden ca. 2 Minuten braten. Herausnehmen und auf Küchenpapier abtropfen lassen.

Restliches Öl in einer Pfanne erhitzen und Zwiebel und Knoblauch andünsten. Das Hackfleisch unterrühren und ca. 5 Minuten krümelig braten.

Die Tomaten schälen und in der Mengschüssel mit der groben Mahlscheibe am Fleischwolf auf Stufe 4 pürieren. Chiliflocken und Gewürze mit dem Flachrührer auf Stufe 2 unterrühren. Zur Seite stellen.

Petersilie waschen, trocken schütteln, die Blättchen abzupfen und grob hacken. (1 EL beiseitelegen)

Frischkäse, Salz, Pfeffer und Petersilie in die gereinigte Mengschüssel geben. Mit dem Flachrührer auf Stufe 2 verrühren. Das Hackfleisch unterrühren.

Die Hackmasse auf den Auberginenscheiben verteilen, aufrollen und mit dem Speck umwickeln.

Röllchen in eine Auflaufform legen, mit Tomatensoße übergießen und mit Goudakäse bestreuen. Mozzarella darüber verteilen und im vorgeheizten Backofen ca. 25 -30 Minuten überbacken.

Auberginen-Röllchen auf Tellern anrichten und mit restlicher Petersilie bestreut servieren.

Feurige Wurst-Kohl-Pfanne

Pro Portion: kcal: 286 / Eiweiß: 11,5 / Fett: 24 / Kohlenhydrate: 4,5

Zutaten für 4 Portionen:
400 g Spitzkohl
1 Schalotte
2 EL Olivenöl
200 g Bratwurst
1 Knoblauchzehe
100 ml Gemüsebrühe
1 EL Sojasoße, ohne Zuckerzusatz
2 TL Currypaste
1 TL Chiliflocken
Salz, Cayennepfeffer
30 g Walnüsse, gehackt

Zubereitung:
Den Spitzkohl und die geschälte Schalotte mit der Schneidetrommel am Gemüseschneider auf Stufe 4 schneiden.

Öl in einer Pfanne erhitzen, Würste pellen, zerkleinern, dazugeben und unter Wenden ca. 5 Minuten anbraten. Die Knoblauchzehe dazupressen und den Spitzkohl und die Schalotte unterrühren.

Gemüsebrühe, Sojasoße, Currypaste, Chiliflocken, Salz und Cayennepfeffer dazugeben und ca. 8 Minuten schmoren lassen.

Auf Tellern anrichten und mit Walnüssen bestreut servieren.

Kürbisspaghetti mit Hähnchengeschnetzeltem und buntem Gemüse

Pro Portion: kcal: 229 / Eiweiß: 26,7 / Fett: 7,2 / Kohlenhydrate: 12

Zutaten für 4 Portionen:
300 g Kohlrabi
1 Karotte
100 g Zucchini
1/2 Spaghettikürbis
Salz, Pfeffer aus der Mühle
450 g Hähnchenbrustfilet
1 Schalotte
1 Knoblauchzehe
1 EL Olivenöl
100 ml Gemüsebrühe
2 EL Sojasoße
1 Bund Thymian

Zubereitung:
Den Backofen auf 200 °C (Umluft: 180 °C, Gas: Stufe 3-4) vorheizen.

Kohlrabi, Karotte und Zucchini waschen, putzen und mit der Schneidetrommel am Gemüseschneider auf Stufe 4 schneiden und zur Seite stellen.

Den Kürbis entkernen, mit der Schnittfläche nach oben auf ein Backblech setzen und mit Salz und Pfeffer würzen. Im vorgeheizten Backofen ca. 40 Minuten garen. Mit einer Gabel das Fruchtfleisch abkratzen und die "Spaghetti" in eine Schüssel füllen.

Das Hähnchenbrustfilet abspülen, trocken tupfen und in Streifen schneiden.

Die geschälte Schalotte und die geschälte Knoblauchzehe mit der groben Raspeltrommel am Gemüseschneider auf Stufe 4 klein schneiden. In heißem Öl andünsten und das Fleisch darin anbraten. Das Gemüse, Brühe und die Sojasoße unterrühren. Bei mittlerer Hitze garen, bis das Gemüse weich ist. "Kürbisspaghetti" unterrühren und mit Salz und Pfeffer abschmecken.

Den Thymian waschen, trocken schütteln und die Blättchen hacken.

Hähnchengeschnetzeltes mit Kürbisspaghetti auf Tellern anrichten und mit Thymian bestreut servieren.

Puten-Piccata mit Kapern-Sahne-Soße

Pro Portion: kcal: 601 / Eiweiß: 48,7 / Fett: 43,5 / Kohlenhydrate: 3

Zutaten für 4 Portionen:
40 g Parmesan
4 Putenschnitzel
Salz, Pfeffer aus der Mühle
2 EL Öl
4 EL Limettensaft
200 ml Schlagsahne
80 g Kapern
5 EL Butter
1/2 Bund Petersilie

Zubereitung:
Den Parmesan mit der feinen Raspeltrommel am Gemüseschneider auf Stufe 4 reiben und zur Seite stellen.

Die Putenschnitzel waschen und trocken tupfen. Mit Salz und Pfeffer würzen.

Das Fleisch im Parmesan wenden. Im heißen Öl ca. 10 Minuten unter Wenden braten. Beiseitestellen und warm halten.

Limettensaft, Sahne und Kapern in der Pfanne verrühren und köcheln lassen. Die Butter unterrühren und mit Salz und Pfeffer abschmecken.

Petersilie waschen, trocken schütteln, die Blättchen abzupfen und grob hacken.

Schnitzel mit Soße auf Tellern anrichten und mit der Petersilie bestreut servieren.

Gyros-Gratin

Pro Portion: kcal: 476 / Eiweiß: 34 / Fett: 28 / Kohlenhydrate: 17,7

Zutaten für 4 Portionen:
150 g Emmentaler
500 g Weißkohl
150 g Paprikaschote, rot
100 g Paprikaschote, gelb
80 g rote Zwiebeln
450 g Schweineschnitzel
Salz, Pfeffer aus der Mühle
2 TL Thymian
1 TL Rosmarin
1 TL Kreuzkümmel
1 TL Paprikapulver, edelsüß
3 EL Olivenöl
2 Knoblauchzehen
400 g Pizzatomaten, ohne Zuckerzusatz
250 g Crème fraîche

Zubereitung:
Den Backofen auf 190 °C (Umluft: 170 °C, Gas: Stufe 2-3) vorheizen.

Den Emmentaler mit der feinen Raspeltrommel am Gemüseschneider auf Stufe 4 reiben und zur Seite stellen.

Weißkohl und Paprikaschoten putzen, waschen und den Strunk vom Weißkohl entfernen.

Kohl, Paprika und die geschälten Zwiebeln mit der Schneidetrommel am Gemüseschneider auf Stufe 4 schneiden.

Das Fleisch in dünne Streifen schneiden und mit dem Kohl, Paprika, Zwiebeln, Gewürzen und Öl vermischen.

Fleischmischung in eine erhitzte Pfanne geben, die geschälten Knoblauchzehen dazupressen, die Pizzatomaten dazugeben und unter Rühren schmoren lassen.

Die Masse in eine Auflaufform geben. Crème fraîche mit Salz und Pfeffer verrühren und über der Fleischmischung verteilen. Mit dem geriebenen Emmentaler bestreuen und im vorgeheizten Backofen ca. 45 Minuten überbacken.

Knusperpizza Margherita

Pro Pizza: kcal: 1160 / Eiweiß: 74 / Fett: 89 / Kohlenhydrate: 10

Zutaten für 1 Pizza (für 1 - 2 Personen):
55 g Parmesan
120 g Frischkäse
1/2 TL Oregano
Salz
2 Eier
110 g Mozzarella, gerieben
100 g Pizzatomaten, ohne Zuckerzusatz
2 EL Tomatenmark, ohne Zuckerzusatz
1/2 Bund Basilikum
120 g Mozzarella in Scheiben

Zubereitung:
Den Backofen auf 200 °C (Umluft: 180 °C, Gas: Stufe 3-4)
vorheizen.

Den Parmesan mit der feinen Raspeltrommel am Gemüseschneider
auf Stufe 4 reiben und zur Seite stellen.

Frischkäse, Oregano und Salz in die Mengschüssel geben. Die Eier
dazugeben und mit dem Flachrührer auf Stufe 4 einrühren. 25 g
Parmesan und Mozzarella auf Stufe 2 unterrühren.

Die Masse in eine mit Backpapier ausgelegte Pizzapfanne oder
Auflaufform geben und kreisförmig verteilen. Auf den dickeren Rand
etwas Salz streuen.

Im vorgeheizten Backofen ca. 20 Minuten backen und nach der
Hälfte der Zeit wenden.

Pizzatomaten und Tomatenmark verrühren und gleichmäßig auf dem Teig verteilen. Den restlichen Parmesan darüberstreuen. Basilikum waschen, trocken schütteln, fein hacken und darauf verteilen. Mozzarella-Scheiben darauflegen.

Im vorgeheizten Backofen ca. 10 - 15 Minuten backen.

Eiernudeln mit Spinat-Käse-Soße

Pro Portion: kcal: 714 / Eiweiß: 31,7 / Fett: 61,7 / Kohlenhydrate: 6,7

Zutaten für 4 Portionen:
40 g Parmesan
40 g Goudakäse
2 Schalotten
1 Knoblauchzehe
1 EL Öl
300 g TK-Spinat
200 g Schmelzkäse
Salz, Pfeffer aus der Mühle
Muskatnuss
1/2 Bund Basilikum
12 Eier
6 EL Milch
12 EL Butter

Zubereitung:
Den Parmesan mit der feinen Raspeltrommel am Gemüseschneider auf Stufe 4 reiben und zur Seite stellen.

Den Goudakäse mit der feinen Raspeltrommel am Gemüseschneider auf Stufe 4 reiben und zur Seite stellen.

Schalotten und Knoblauchzehe mit der groben Raspeltrommel am Gemüseschneider auf Stufe 4 hacken und in heißem Öl andünsten.

Den aufgetauten Spinat grob hacken, dazugeben, etwas Wasser angießen und unter Rühren köcheln lassen.

Schmelzkäse und Goudakäse unterrühren. Mit Salz, Pfeffer und Muskatnuss abschmecken.

Basilikum waschen, trocken schütteln und fein hacken.

Die Eier, Milch, Salz und Pfeffer mit dem Flachrührer auf Stufe 4 verquirlen.

In einer Pfanne 1 EL Butter schmelzen. Darüber etwas Eiermasse verteilen, stocken lassen und auf beiden Seiten goldbraun braten. Den restlichen Teig auf die gleiche Weise backen, abkühlen lassen und in 1,5 - 2 cm breite Streifen schneiden.

Eiernudeln auf Tellern anrichten, die Spinat-Käse-Soße und den Parmesan darüber verteilen und mit Basilikum bestreut servieren.

Avocado Frittata mit Cocktailtomaten

Pro Portion: kcal: 365 / Eiweiß: 19,2 / Fett: 29 / Kohlenhydrate: 4

Zutaten für 4 Portionen:
1/2 Bund Petersilie
80 g Bergkäse
1 Frühlingszwiebel
8 Eier
2 EL Milch
1/2 TL Majoran, getrocknet
1/2 TL Estragon, getrocknet
Salz, Pfeffer aus der Mühle
1 EL Olivenöl
1/4 Knoblauchzehe
1 große Avocado
100 g Cocktailtomaten

Zubereitung:
Die Petersilie waschen, trocken schütteln und hacken.

Den Bergkäse mit der feinen Raspeltrommel reiben und zur Seite stellen.

Die Frühlingszwiebel waschen, putzen, halbieren und mit der groben Raspeltrommel am Gemüseschneider auf Stufe 4 raspeln und zur Seite stellen.

Die Eier, Milch, Gewürze, Bergkäse, Salz und Pfeffer mit dem Flachrührer auf Stufe 4 verquirlen.

Das Öl in einer Pfanne erhitzen und die Frühlingszwiebel darin andünsten. Die geschälte Knoblauchzehe dazupressen und kurz mitbraten. Die Hitze reduzieren und die Eiermasse darübergießen.

Die Avocado entkernen, das Fruchtfleisch in Scheiben schneiden und auf der Eiermasse verteilen. Die Cocktailtomaten waschen, halbieren und darüberstreuen.

Den Deckel auflegen und die Frittata braten, bis die Eiermasse gestockt ist.

Auf Tellern anrichten und mit Petersilie bestreut servieren.

Veggie-Burger mit Petersilienwurzel-Patties

Pro Portion: kcal: 463 / Eiweiß: 18 / Fett: 31,7 / Kohlenhydrate: 15,5

Zutaten für 4 Portionen:
30 g Goldleinsamenmehl
30 g Flohsamenschalen
140 g Frischkäse
1 EL Kräuterbutter, weich
2 Eier
1 Prise Salz
1 TL Brotgewürz
2 EL Sesam
4 Stiele Petersilie
150 g Schmand
Salz, Pfeffer aus der Mühle
2 Tomaten
500 g Petersilienwurzeln
1 Karotte
1 Frühlingszwiebel
2 Eier
2 EL Flohsamenschalen
2 EL Öl
4 Salatblätter

Zubereitung:
Den Backofen auf 175 °C (Gas: Stufe 2, Umluft: 150 °C) vorheizen.

Mehl, Flohsamenschalen, Frischkäse, Kräuterbutter, Eier, Salz und
Brotgewürz in die Mengschüssel geben und mit dem Flachrührer auf

Stufe 1 mischen. Mit dem Knethaken auf Stufe 2 ein paar Minuten zu einem glatten Teig verkneten.

Den Teig zu vier Burgerbrötchen formen, auf ein mit Backpapier belegtes Backblech geben und mit Sesam bestreuen.

Im vorgeheizten Backofen ca. 40 Minuten backen.

Petersilie waschen, trocken schütteln, die Blättchen abzupfen und grob hacken.

Schmand, Petersilie, Salz und Pfeffer mit dem Flachrührer auf Stufe 2 verrühren. Die Tomaten waschen, putzen, fein würfeln und unter den Schmand rühren.

Die Petersilienwurzeln und die Karotte waschen, putzen und schälen. Die Frühlingszwiebel waschen, putzen und halbieren.

Petersilienwurzeln, Karotte und Frühlingszwiebel in der Mengschüssel mit der mittelgroben Raspeltrommel am Gemüseschneider auf Stufe 4 raspeln.

Eier, Flohsamenschalen, Salz und Pfeffer mit dem Flachrührer auf Stufe 2 unterrühren, bis alles gut vermischt ist.

Die Masse zu vier Patties formen und in heißem Öl bei mittlerer Hitze von beiden Seiten braten.

Die Burgerbrötchen aufschneiden und mit dem Tomaten-Schmand bestreichen. Die Salatblätter waschen, darüber verteilen und den Patty darauflegen. Die zweite Hälfte des Brötchens auflegen.

Low Carb Salat:

Chicorée-Salat mit Orangen und gerösteten Pinienkernen

Pro Portion: kcal: 166 / Eiweiß: 5,5 / Fett: 10,7 / Kohlenhydrate: 10,2

Zutaten für 4 Portionen:
3 Chicorée
2 Orangen
40 g Pinienkerne
100 g Naturjoghurt
2 EL Rapsöl
½ Zitrone
1,5 EL Dill, gehackt
½ Knoblauchzehe
Salz, Pfeffer aus der Mühle

Zubereitung:
Die Chicorée waschen, putzen, den Strunk entfernen und mit der Schneidetrommel am Gemüseschneider auf Stufe 4 schneiden.

Die Orangen schälen, die Filets herausschneiden und mit dem Chicorée vermischen.

Die Pinienkerne in einer Pfanne ohne Fett goldbraun rösten, herausnehmen und abkühlen lassen.

Naturjoghurt, Öl, Saft der Zitrone und Dill in die Mengschüssel geben und mit dem Schneebesen auf Stufe 4 schlagen. Die geschälte Knoblauchzehe dazupressen. Mit Salz und Pfeffer abschmecken.

Über den Salat gießen, vermengen mit den Pinienkernen bestreuen und servieren.

Weißkohl-Salat mit Koriander und Roquefort

Pro Portion: kcal: 158 / Eiweiß: 5 / Fett: 8,7 / Kohlenhydrate: 11,7

Zutaten für 4 Portionen:
700 g Weißkohl
1 rote Zwiebel
1 Knoblauchzehe, gehackt
2 EL frischer Koriander, gehackt
50 g Roquefort, zerbröselt
140 g fettarme, saure Sahne
2 EL Schmand
3 EL Limettensaft
1 TL Senf, ohne Zuckerzusatz
Salz, Pfeffer aus der Mühle
1 TL Limettenschale, gerieben

Zubereitung:
Vom Weißkohl die äußeren Blätter entfernen, vierteln und den Strunk herausschneiden.

Den Kohl und die geschälte Zwiebel mit der Schneidetrommel am Gemüseschneider auf Stufe 4 schneiden. Mit Knoblauchzehe, Koriander und Roquefort vermischen.

Saure Sahne, Schmand, Limettensaft und den Senf in die Mengschüssel geben und mit dem Schneebesen auf Stufe 4 schlagen. Mit Salz, Pfeffer und Limettenschale abschmecken. Über den Salat gießen, vermengen und servieren.

Fenchelsalat mit Äpfeln und Knusperspeck

Pro Portion: kcal: 390 / Eiweiß: 5,5 / Fett: 34 / Kohlenhydrate: 11

Zutaten für 4 Portionen:
600 g Fenchel
1 Schalotte
2 Äpfel
10 Scheiben Speck
4 EL Olivenöl
4 EL Weißweinessig
1 Orange
Salz, Pfeffer aus der Mühle

Zubereitung:
Fenchel waschen, putzen, die Schalotte schälen und die Äpfel schälen und entkernen.

Fenchel, Schalotte und Äpfel mit der Schneidetrommel am Gemüseschneider auf Stufe 4 schneiden.

Speck in eine kalte Pfanne legen und bei mittlerer Hitze kross braten, dabei einmal wenden.

Olivenöl, Weißweinessig, den Saft der Orange in die Mengschüssel geben und mit dem Schneebesen auf Stufe 4 schlagen. Mit Salz und Pfeffer abschmecken. Über den Salat gießen, verrühren, den Speck in kleine Stücke brechen, darüberstreuen und servieren.

Low Carb Desserts:

Saftiger Rhabarber-Buttermilch-Mandelkuchen

Pro Stück: kcal: 136 / Eiweiß: 5,5 / Fett: 11,2 / Kohlenhydrate: 1,9

Zutaten für 4 Portionen: (ca. 12 Stück)
350 g Rhabarber
12 EL Xucker
100 g Mandeln, gemahlen
1 Prise Salz
1/4 Zitrone unbehandelt, Abrieb
4 Eier
200 ml Buttermilch
Mark einer Vanilleschote
2 EL Butter, flüssig
70 g Mandeln, gehobelt
Außerdem:
1 Springform 26 cm

Zubereitung:
Den Backofen auf 175 °C (Gas: Stufe 2, Umluft: 150 °C) vorheizen.

Rhabarber putzen, waschen, gut abtropfen lassen und in 2 - 3 cm breite Scheiben schneiden. Mit 1 EL Xucker mischen.

Mandeln, Salz, Zitronenschale und restlichen Xucker in die Mengschüssel geben. Mit dem Flachrührer auf Stufe 2 vermischen.

Eier, Buttermilch, Mark einer Vanilleschote und die Butter unterrühren, bis sich ein glatter Teig bildet.

Rhabarber unterheben und den Teig gleichmäßig in die gefettete Springform füllen und mit den Mandeln bestreuen.

Mit Folie abdecken und im vorgeheizten Backofen ca. 20 -25 Minuten backen.

Erdbeer-Macadamia-Soufflé

Pro Portion: kcal: 100 / Eiweiß: 5 / Fett: 7 / Kohlenhydrate: 3,5

Zutaten für 4 Portionen:
150 g Erdbeeren, frisch
1,5 EL Xucker
Mark einer Vanilleschote
1 EL Schlagsahne
1 Eigelb
3 Eiweiß
1 Prise Salz
4 TL Macadamia-Nüsse, gehackt
Außerdem:
4 feuerfeste, gefettete Souffléförmchen

Zubereitung:
Den Backofen auf 175 °C (Gas: Stufe 2, Umluft: 150 °C) vorheizen.

Die Erdbeeren, waschen, putzen und halbieren.

Erdbeeren in der Mengschüssel mit dem Pürieraufsatz auf Stufe 4 pürieren.

Xucker, Mark der Vanilleschote, Schlagsahne und Eigelb dazugeben und mit dem Flachrührer auf Stufe 4 glatt verrühren. In eine andere Schüssel umfüllen.

Eiweiß mit dem Schneebesen auf Stufe 6 schaumig schlagen, Salz zufügen und auf Stufe 8 weiter schlagen, bis sich leichte Spitzen bilden.

Die Erdbeermischung vorsichtig unterheben und in vier gefettete Souffléförmchen füllen.

Im vorgeheizten Backofen ca. 8 - 10 Minuten backen.

Die fertigen Soufflés vorsichtig aus dem Ofen nehmen und mit Macadamia-Nüssen bestreut servieren.

Johannisbeer-Biskuitrolle

Pro Portion: kcal: 698 / Eiweiß: 31,7 / Fett: 57,5 / Kohlenhydrate: 8,7

Zutaten für 4 Portionen:
6 Eier
4 EL warmes Wasser
7 EL Xucker
160 g weißes Mandelmehl
1 TL Backpulver
175 g rote Johannisbeeren
9 EL Xucker
600 ml Schlagsahne
2 EL Puderxucker

Zubereitung:
Den Backofen auf 180 °C (Umluft 160 °C, Gas Stufe 3) vorheizen.

Die Eier trennen. Eigelb, Wasser und Xucker in der Mengschüssel mit dem Flachrührer auf Stufe 2 vermischen.

Mandelmehl und Backpulver dazusieben und auf Stufe 1 zu einem gleichmäßigen Teig verarbeiten. Die Masse umfüllen.

Die Mengschüssel reinigen und abtrocknen. Die Eiweiße mit dem Schneebesen auf Stufe 8 sehr steif schlagen, dann in den Teig einrühren.

Den Teig auf einem mit Backpapier belegten Backblech verstreichen und ca. 10 Minuten im vorgeheizten Backofen backen.

Den Biskuitteig sofort auf ein feuchtes Küchentuch stürzen, der Länge nach einrollen und abkühlen lassen.

Die Johannisbeeren waschen, putzen, trocken tupfen und mit 1 EL Xucker vermischen.

Die Mengschüssel reinigen und abtrocknen, dann die Sahne mit dem Schneebesen auf Stufe 6 schlagen, bis sich leichte Spitzen bilden. Den restlichen Xucker dazugeben. Die Johannisbeeren unterheben.

Biskuit auseinanderrollen. Johannisbeersahne darauf verteilen, wieder aufrollen und mit Puderxucker bestäuben.